그래도, 꽃 필 자리

윤혜숙 시집

상상인 시인선 073

숨을 고르거나, 등을 기댄 사람들
물속같이 깊은 고요 속에서 지느러미를 꺼낸다

통증도 점이다

시작이거나, 끝이거나, 중심이 되는
점
비명처럼 붉은 불빛들이 환하다

•본문 페이지에서 한 연이 첫 번째 행에서 시작될 때에는 〈 표기를 합니다.
•저자의 의도에 따라 작품의 보조 동사와 합성 명사는 띄어쓰기가 달라질 수 있습니다.

시인의 말

시골길을 거닐다 새의 빈 둥지를 보았다

한때는 정성스럽게 둥지를 만들고
사랑을 하며 알을 부화시킨
삶의 의미가 온전히 깃든 곳이었으리라

시집을 내는 것은 둥지를 비우는 일이다
등에 꽃 한 짐,
우레 한 동이를 이고 와서 벗어 놓는 일이다

소소한 바람에 흔들리거나
막다른 길에서 발걸음을 멈추었을 때
가슴을 스치는 자음과 모음의 날 글자를
애써 보내는 일이다

또한,
아득한 저 너머가 궁금하다

2025년
윤혜숙

차례

1부
꽃을 흔드는 바람을 당겨

저 붉은 새, 포인세티아	19
끄트머리 같은 말	20
불빛에 지워진 숨	22
달은 습관처럼 돌아오고	23
쏟아지는 신호등	24
가만히 바라보는 불청객	25
폭설 속으로 뛰어드는 말	26
이젠 울어도 돼	27
흐린 꽃을 슬픔에 꽂고	28
북두칠성을 끌고 가는 사슴벌레	30
서 있는 것들은 위험하다	31
서로를 건너지 않는, 섬	32
슬픔이 꼬리를 세우고	33
달팽이는 제 길을 가고	34
덜 깬 잠을 덮고 있는 아침	36
녹지 않는 발자국	37

2부
저렇게 환한 분홍이 들어 있어서

목련 마중	41
홍매화에 적은 주소	42
워낭을 흔들고 간 장마	44
미루나무 그늘을 열고	45
봄인데, 피지 않는 꽃	46
고양이 넝쿨	48
생을 타고 도는 냄새	49
꽃 지면 열리는	50
고요를 들키다	51
봄비탈을 오르는 중	52
그래도, 꽃 필 자리	53
나비 효과	54
마음무늬	56
길목을 지키는 환한 등	57
붉은 안부	58
쏟아지는 하늘을 긋고	59

3부
바람 소리 우거진 계절의 어디쯤

상심경보	63
보탑사 느티나무	64
푸른 울음	65
간절한 것들의 오후	66
여우비에 젖는 날	67
기억이 출렁이는 바다	68
눈물 대신 흥얼거리는 노래	70
쓸쓸을 덜어내는 방식	72
속이 빈 것들은 한쪽으로 눕고	74
코피티션 Co-petition	75
사과씨의 오후	76
나는 엄마다	78
몰아치는 짝사랑	80
열감기	82
하늘의 눈동자	83
국수를 삶는 불덩이	84
유피미즘 euphemism	85

4부
시작이거나 끝이거나 중심이 되는, 점

대추나무에서 사는 말	89
즐거운 지각	90
허수어미	92
점으로 세우다	94
바람울타리	95
애어리염낭거미	96
흰둥이 눈동자 속 해가 저물고	98
그 사랑은 녹슬지 않아	99
어두운 발자국에 달이 차올라	100
얼음새꽃으로 오시는	101
바람에 엎질러진 울음	102
어떤 울음	104
모서리들의 계절	106
나비가 오지 않는 꽃밭	107
초승달이 지는 창가	108
쓸쓸은 양지바른 쪽에 있다	109
해설 _ 아름다움이라는 의지 박동억	111

1부

꽃을 흔드는 바람을 당겨

저 붉은 새, 포인세티아

바람이 숨 쉴 틈 없이 우거질수록
새의 둥지가 되는 숲이 있다

한 조각 달빛도 들지 않은 구석에서
제 줄기를 말리며
잎을 틔우는 포인세티아

아직 눈 뜨지 않은 초록 잎 앞에서
볕뉘 한 줌을 움켜쥐고 날아든 나비를 찾는다

풀잎 끝에서 흔들리는 물구슬
소리 없이 고이는 물처럼
잎을 틔우는 붉은 줄기

엄마의 심장은 여러 개였다

끄트머리 같은 말

안약으로 흐린 눈을 달래며
빛을 더듬는다

수천수만 마리의 매미가 서식하는 귀

손바닥에 불이 나도록 비비며

가까운 뒷산도 오르지 못했는데
한 치 앞이 물가라고 전하는 소리

수시로 암호를 걸어두는 몸이다

열쇠 잃은 차가운 눈빛을
햇볕 쪽으로 기울이다가
겨울비 맞은 눈꺼풀의 무게를 덜어낸다

거기는 꽃이 피고
여기는 비가 내리고
또 어디는 눈이 내린다는 일기예보
〈

며칠째 진눈깨비 내리는 길을 걷는데
갓길에 나란히 서 있던 자동차
서로 다른 방향으로 비명을 지른다

제주는제주도이고충청은충청도이고강원은강원도이고
암호를 풀겠다고 혼잣말을 허용하는 날

세상의 ㄲㅌ머리 같은 말들이 비에 젖는다

불빛에 지워진 숨

겨울비는 내리고
산수유꽃 피었는데
차가운 길바닥에 널브러진 고라니
자동차 불빛이 등불이었을까
길이었을까
싸늘한 길을 뜨겁게 지나가는 자동차를 보며
새싹들 눈이 휘둥그레졌을 것이다
까마귀 떼에게 살점을 내어주는 고라니
다음 생은 잎을 틔우는 뿌리로 환생하기를
돌탑 틈 사이에 핀 풀꽃처럼 기도한다

달리는 자동차 앞으로
빠르게 어두워지는 불빛에 눈을 감는다
그러니까 나는,
고라니가 보았던 뜨거운 찰나의 빛을 보았지만
먼 길로 떠나는 목차에서 지워진 이름이 되었다

산수유꽃처럼 샛노란
노래를 부른다

달은 습관처럼 돌아오고

가지런히 쓸린 빗자루 무늬를 지우며
바람이 분다

이미 지나간 비구름을 찾는 어제였다가
저만치 앞서가는 내일로 향하다가
다시 오늘로 돌아오면
달을 향해 피는 달맞이꽃처럼

짐작으로만 가늠해 보는 구름처럼
어제는 요란하게 붉었고 오늘은 먹빛
그의 낯빛 따라 맑거나 흐려지며
하늘을 살피는 습관이 생겼다

아지랑이 너울거리듯 웃는 얼굴
아직은 맑은데 언제 쏟아질지 모르는 소나기처럼
숨죽인 채,

당신이라는 언덕을 비켜서서
맑은 날이 되기를 바라는 기도로 신발을 신는다

나는, 등이 가려운 새처럼 운다

쏟아지는 신호등

어느 구간에서 시작되었나?
쏟아지다 그치기를 반복한다
가속 페달을 밟던 발이 소스라친다

브레이크를 밟았지만 밀려 나간 흔적 선명하고
통로가 사라진 길
천지사방에 속도 조절이 필요하다

첫발에 천 리를 가는 말
앞산을 막아서면 뒷산이 막아선다

퍼붓는 폭우에 방향을 잃어갈 때
어둠의 뼈에 금이 가듯 천둥은 나를 뒤섞는다

나는 지금 장마를 표절하는 중이다

신호등이 꺼졌다

가만히 바라보는 불청객

전깃줄에 앉은 참새의 거리만큼 까마득한 거리

가을과 겨울 사이로 접어든 몸에
도둑고양이 걸음으로 찾아든 검붉은 혹

헛매질로는 쫓아내거나 떼어낼 수 없어
까무룩 가라앉는데

손가락 반 마디도 안 되는 터를
관찰 추적하자는 설명을 듣는다

몸에 구슬 같은 알갱이 하나 허락할 수 없듯
목숨도 텃세를 부리는 것이라고
강변 억새 바람이 달려와 들려준다

불볕더위에도 시린 계절을 건너가는
맨발

폭설 속으로 뛰어드는 말

소리를 삼킨 도끼였을까?

장작을 패듯 결 따라 패야 하는데
눈 질끈 감고 내리찍는다

믿는 도끼가 여러 자루라지만
은도끼, 금도끼는 내 몫이 아니고
말을 벼려 날을 세운 도끼 한 자루

저 혼자 서슬 퍼렇다가 부러지고 무뎌지고 녹슬어
여기저기 불똥만 튀고

제 몸을 패는 세 치 혀
아름드리나무도 단번에 쓰러뜨린다는데

발등에 내려앉은 서리가
폭설 속에서 터지는 매화 같기를

내 입속에 쟁여둔 말들이
개화를 앞둔 봄꽃만 같기를

이젠 울어도 돼

나무로 치면 열매 맺기를 여러 해 되었을 철수

수렁에 빠져 헛바퀴 돌리는 울음에
한참을 달리다가 엎어진 듯
목울대를 붉히며
소나기 맞은 해바라기가 된다

울면 혼나요
공부 안 하면 혼나요
울음도 공부도 구름 위에 얹어 둔 철수

무너진 흙담처럼 가슴을 헐고
비 갠 오후의 들녘 같은 눈에서 눈물이 질금거린다

개도 안 물어갈 공부를 딱 한 번만 더 하자고
가랑비같이 어르고 달래며
같이 젖는데

축축한 저 등은 무엇으로 말리나?

흐린 꽃을 슬픔에 꽂고

가장 양지바른 곳이 어미 가슴이라니

이정표가 없는 길을 걷는 듯한
여자

시든 꽃에 물을 주듯 말을 붙이는데
꺾인 꽃을 어루만지고
입술을 깨물며

구석에 버려진
벌레 먹은 잎새를
마른 안개꽃 부서지는 시선으로 바라본다

꽃처럼 시들거나 꺾이지 않을 아픔을
뼛속까지 쟁여두고
슬픔을 주무르던 손으로
만든 꽃바구니 향기가 농농하다

오리구름 흐르는 하늘을 올려보는 눈
〈

벌레 소리 고요한 밤이면
쟁여놓은 슬픔이 생생하게 피어날 텐데
울음도 말도 가슴에 묻고 바구니에 꽃을 꽂는다

북두칠성을 끌고 가는 사슴벌레

희미한 불빛이 길이 되는 밤

가로등 불빛 아래로 모여든 사슴벌레들
날갯짓이 무거워 보인다

허공을 그을수록 늪처럼 고이는
어둠으로 빠져드는데

빈 소주병으로 휘파람 불던 오빠도
사슴벌레처럼 방향을 잃었거나
빛을 쫓았을 텐데, 어디까지 갔을까
여전히 돌아오지 않는다

별들 반짝이고 달빛 환한 밤이면
북두칠성 등을 떠미는 하늘

밤마다 가로등 불빛으로 달려드는
세상에 없는 깊은 눈빛을 본다

길을 잃은 날개를 만난다

서 있는 것들은 위험하다

차도에 쓰러진 가로수를 비켜서 지나오는 길
놀란 가슴을 쓸어내린다

나뭇잎이 비바람의 서슬에 자지러지며
달리는 자동차 뒤에 따라붙다가
어둠 속에 사라지는데

수천수만의 눈
구름에 가려진 별빛인 듯해서

쓰러진다는 것은
쨍쨍한 햇볕에도 앞이 캄캄하거나
마른장마에 흠뻑 젖는 것이거나

멀쩡하던 젊은 남자가 쓰러졌다는 소식이 겹쳐 보인다

비 갠 아침의 가로수 이파리가 함초롬하다

서로를 건너지 않는, 섬

자주 마른침을 삼킨다

키오스크라는 낯선 섬에 닿으면
자작나무 껍질처럼 벗겨지는 생각의 갈피

눈앞에 두고도 잡히지 않아서
억만년 따뜻할 것 같은 눈빛에 안개 자욱하다

잔바람에도 흔들리는 모습에
놓친 것을 헤아리고 되뇌며 방향을 가늠하지만
먹구름 속에 가려진 해를 기다리듯
어둡다가, 맑았다가,

멀고 먼 길을 돌아 만났는데
서로를 가두려는
우리는 섬이다

내게 갇혀 있던 나를 꺼내는 시간
연체된 이자가 결제를 기다린다

슬픔이 꼬리를 세우고

그악스럽게 쏟아지다 그친 빗줄기처럼
홀로 갇힌 사막에서
사방팔방으로 호명한 이름들이
마른 바람에 맴도는 모래가 되어

내일이면 돌아올 것 같은 웃음을 터뜨리고

어쩌다 사막에 들었느냐는
때늦은 질문에 대답을 찾다가
어둠이 발에 걸려 넘어졌는데

햇볕을 불러 주세요
물을 주세요
핏발 선 눈으로 허공 훑는 소리가
주저앉았던 무릎에 달라붙는다

틀리지 않은 일기예보 같은 날

무수한 별을 그러모아 태우면
당신 냄새가 난다

이 사이에 낀 울음에서 장작 타는 냄새가 난다

달팽이는 제 길을 가고

1
사랑에도 절벽이 있다

현관문이 열리고
덧니 살짝 보이는 딸을 들이미는 낯선 여자

말라비틀어진 생선 비늘 같은 입술의 읍소
'본 적 있어요?'

두 손으로 무너진 하늘을 받쳐 든다

동구 밖 느티나무 꼭대기에 던져둔 눈동자
하루에도 천만번 절벽을 오르내리는데

집마다 밥 짓는 냄새 들큼하다

2
달팽이 한 마리 바쁘게 스쳐 간다

밟지 않으려 비켜섰지만
느닷없이 밟히기도 할 것이다

푸른 것들
햇볕 쨍쨍 내리쬐는 길을
방향도 없이 걷는다

고요 깨지는 소리 우레처럼 들린다

덜 깬 잠을 덮고 있는 아침

꿈의 조각들을 맞추다 보면 아침이다

안으로 드는 얼굴의 녹조 낀 눈빛을 살피는데
홀연히 사라진다

가물거리던 기억을 더듬는다

늦은 밤이나 새벽
안갯속에서 길을 잃거나
이슬에 젖지 말아야겠다고
어둠이 제 그림자를 덮고 달빛을 부르듯
생각의 끈을 잇는다

사랑으로 설정된 사이는 아니다

추위가 몰려와 다리와 팔을 웅크리는데
알람이 울린다

어쩌자고 눈 뜨자마자 쓸쓸한가!

녹지 않는 발자국

간혹, 흙물 배인 흰 눈이 보이고
얼음을 밟을 때마다 발자국의 흔적들 뿌드득거린다

커피를 앞에 두고
만지기만 해도 따가운 찔레나무 같은 말을 내뱉는다
긁힌 자국을 감추고 찔레꽃처럼 웃는데
쓸쓸하면 나비처럼 날아오던 그가
꽃대 부러지는 소리를 보탠다

난데없이 만난 절벽, 낭떠러지, 회오리바람이 몰아친다
 초록이 뚝뚝 떨어지는 능수버들에도 휘감기면 상처가
나는데

어디에도 깃들지 못하는 겨울바람은 무성하고
나는
꽁꽁 언 신발에 발을 디민다
어디까지 걸어야 신발이 녹을까
언 발로 걸어가는 얼음판이다

2부

저렇게 환한 분홍이 들어 있어서

목련 마중

봄은 생강나무꽃으로만 오는 것은 아니어서
어디서 본 듯한 노부부의 어깨에 노랗게 내려앉는 저 봄

우거진 숲을 쓸쓸히 지나왔겠거니
뒤돌아보는 눈빛이 따듯해서

하마터면 울 뻔했다

무량한 눈빛이
메마른 가지에서 붐빈다
다정한 은빛 머리카락처럼
순정한 목련꽃도 피었다

봄이다

홍매화에 적은 주소

홍매화 꽃잎에 주소를 적어두고 떠나신 어머니

아가 길을 잃었더냐?
젖은 주소를 손에 쥐고 꿈속에 오셨는데

억만년 장롱 속에서 빛났던
흑요석 같은 눈빛으로

옥색 고무신은 어디서 벗겨졌을까
걸을 때마다 헐떡거리는 헌 신발이다

주소를 잊었거나 잃어버리지 않았다고
구구절절 달빛에 걸어두고

실반지 하나 끼워 보지 못한 손을 헛잡으며
허공을 휘젓는다

밤새 배앓이로 깔끄러운 손을 부르면서

홍매화에서 주소를 베끼며

햇볕 아래서 자꾸 틀린 주소를 옮겨 적는 나는
빈손이나 비비며 산다

워낭을 흔들고 간 장마

긴 눈썹 밑으로 슬픔이 우거진다

뒷발질 앞발질로 물살을 가르는 소
뭉게구름 유유히 흐르던 눈동자에
깊이를 짐작할 수 없는 절규가 흐른다

폭우를 뚫고 들리는 진혼곡

어찌어찌 돌아온 소 떼들
여물을 외면한 채 두려움을 되새김질하는데
여러 빛깔의 눈동자에서 속엣것이 읽힌다

폭우에 꺾인 풀잎들 서서히 일어서고
범람했던 냇물 잦아들어 제 속을 드러내고

무거운 발걸음에 들리는 워낭소리
참 맑다

미루나무 그늘을 열고

그리움의 높이가 하늘에 닿는 날

차례상을 차리는데

길에서 길을 물으며
허리 굽은 미루나무 그늘이 오시고

마른 깻단에 밥물 넘치는 냄새
흙물 앉은 채송화 꽃잎 터지는 소리 들린다

햇볕이 없으면 그림자도 없다는 듯
대추 한 알 발밑으로 또르르 구르는데

잠깐 사이에 놓친 구름이 옛일처럼 멀다

밀어진 그림자를 경전처럼 읽다가
창가 햇살에 갇힌 눈 속에 노을을 걸어두면

캄캄하던 마음이 환하게 열린다

봄인데, 피지 않는 꽃

수술 날을 기다리는 환자
메스를 두고 떠난 의사
닫힌 문 안쪽에서 글썽거리는 눈동자들
살얼음 위에 버려진 생선처럼
삶과 죽음의 경계에서 헐떡이는데

프리지어는 활짝 피어
저 혼자 환하고

허허벌판에 홀로인 듯
이른 봄이어서 더욱 쓸쓸하다고
개나리 꽃망울을 밀어 올린다

모래 위에 발자국을 심는 바람
발자국을 지우자는 것도 아니면서
바람은 혼자 구른다

의사 없는 병원에서
씀벅거리는 눈동자

흰 가운의 맹세를 굳게 믿지만

돌에 찍힌 새싹 같은 눈빛이다

고양이 넝쿨

자동차 뒷바퀴 밑에 웅크리고 있던 고양이가
소스라치게 놀라는 서슬에
노랑붓꽃 화들짝 깨어난다

그날부터 내 귓속에는 수천수만 마리의
고양이가 살고 있는데
머리를 흔들면 더 깊숙이 들어가 경계를 서고
줄기차게 뻗은 소리의 넝쿨에 휘감겨
어둠을 할퀸다

수족관을 통과한 햇빛이
어둠 속 고양이 눈빛처럼 싸늘한데
아치형의 등에서 꺼낸 발톱이
창문을 긁다가 밀다가 기어이 여는데

혼자서는 일어설 수 없는 갈퀴 넝쿨이
햇살 쪽으로 길 잡은 아침을 휘감는다

생을 타고 도는 냄새

술 공장이 망하기를 기도했다
주막에 불이 났으면 좋겠다고
엄마의 그늘 속에서 주먹질했다
호랑이와 귀신은 어디 사는지

벌의 날개는 새벽이슬에만 축축했고
날개 꺾이는 소리는
담장을 넘어 동네 골목을 몇 바퀴 돌았다

여자는 눈에 보이는 대로 꽃을 꺾었고
벌은 몇십 리 길을
꽃이 피고 지는 속도로 날아다녔다

꽃냄새 물씬하고
혀짧은 소리에 칭칭 감긴
아버지
장날마다 풀벌레들의 새벽잠을 깨웠다

사방 천지에 꽃이다

꽃 지면 열리는

곰삭은 파김치처럼 쉰내를 풍기며 퇴근한 아이가
눈물 섞인 말을 허공에 늘어놓는다

복받쳐 오르는 설움이 잦아들기를 기다리며
내 심장은 불에 덴 듯 화끈거린다

길에서 길을 잃고 방향을 찾는 눈빛으로
서로를 바라보며
한 번도 빛을 받아본 적 없는 것처럼
불빛에 눈이 시리다

어둠이 어둠을 완성할 때
절벽에 섰을 때
바람이 분다

꺾이지 않으려고 흔들리며
캄캄한 창밖을 내다본다

목련꽃 환한 봄날이다

고요를 들키다

일인용 침대에 누워 각오한 듯 눈을 감는다

구절양장을 샅샅이 훑는 숙련된 손길

찬바람 속에서 마른침을 삼킨다

고백은 솔직하고 담백하지만
고개 갸웃거리다 가끔 끄덕이며
떨어지는 꽃잎처럼
다음 약속을 던져준다

의심처럼 끈적이는 초음파용 젤이 가슴을 더듬는다

그 어떤 것도
날씨를 바꾸지 못하는 것같이
내 몸에서는 여전히 비가 내리고

나는 자주 고요에 들킨다

봄비탈을 오르는 중

쓸쓸의 통로는 어둠이 깊다

흔들리는 빛의 절벽에서
바람의 비명을 들었다

떨어진 벚꽃이 환하게 밝힌 길을 걷는다
꽃잎을 밟지 않으려고
뒤꿈치를 들고 걷다가 깨금발로 뛰다가

길가에 서 있는 나무를 본다
비바람에 긁힌 선명한 흔적
한 번쯤 가지를 꺾어내고 싶었을 듯도 하지만

나무 속에는 저렇게 환한 분홍이 들어 있어서

해마다 환하게 피고 진다

흩날리는 꽃잎을 쓰면서
천천히 깊어지는 봄밤을 걷는다

그래도, 꽃 필 자리

하필이면 담장 위에 떨어진 민들레 홀씨
여기까지 오래 왔을 텐데
햇살 받은 발목 따갑겠다

가슴속 수만 평 빈터에 들어앉은 적막이
봄날 들판에 지천인 풋것들처럼 빼곡한데
나는 나대로 홀로 피었다고 바람이 지나간다

민들레 홀씨였다가
모래바람의 알갱이였다가
허공을 휘젓는 헛것이 나였다고

시멘트 담장 위에 어쩌면 뿌리를 내릴지도 모르지만
싹틀 때까지 눈, 비, 바람뿐일까?

꽃들의 오후를 뒤적이는 햇살이
자꾸 낯익어서 눈이 시린데

유난히 봄비 잦은 해도 있었다

나비 효과*
- 이혜경

푸른 물이 핏줄로 흐르는 노래가
고여 드는 물처럼 가슴속에 오래 머문다

살얼음 속에서 피어나는 버들가지이거나
남실거리는 수양버들 같은 노래가
어깨 위로 내려앉는다

손바닥이 벌겋게 손뼉을 치지만 나는
날개 꺾인 나비와 개미 떼의 이동을
마냥 내려다보는 낮달이다

제 손으로 제 어깨를 토닥이며
엄마의 품을 기억하는 노래

힘찬 날갯짓으로
바람 앞에서 흔들림 없고 두려움 없는
빛깔 고운 나비가 되라고
뻣뻣한 어깨를 흥겹게 흔든다
〈

품속에서 키우는 나비가 눈부시다

* 두 손을 엇갈려 양어깨를 토닥이며 괜찮아, 괜찮아, 스스로를 달래는 효과.

마음무늬

나도 누군가에게 방지턱일 때가 있었을 것이다

이팝나무꽃 환한 길 위에서 멈칫거리는 휠체어

한숨 자국에도 걸릴 듯 마음 시려서
얼굴에 핀 붉은 열꽃이 불티처럼 뜨겁겠다

모래무늬를 만들고 지우는 파도에 밀려
외딴섬에 닿을까
나뒹구는 꽃잎이 발을 구르는데
비바람 들이치는 숲속에서
맨발의 하루가 서늘하겠다

휠체어를 뒤따르는 발걸음에
꽃잎인 듯 붉어지는 눈자위

마음의 무늬에 바람 지나간 흔적이 선명하다

길목을 지키는 환한 등

바다 냄새도 나지 않고
일렁이는 윤슬도 없지만
소금기 버석이는 어머니의 등

앞마당 흰둥이
전깃줄에 앉은 참새 떼 장독대 아래 채송화
간절한 것들이 저리 많아서
어머니의 소금에는 물기가 없다

찔레꽃이 피면 날아오는 나비처럼
안개걸음으로 어머니는 꽃 피고
달빛만큼 아득한 그 길을
구름으로 오고 바람으로 닿으시는데

호미를 들고 나가시는 어머니가 눈에 밟힌다

유택幽宅의 길목을 환하게 밝히는 찔레꽃
웃는 듯 우는 듯 점점이 떨어진다

붉은 안부

팔십 노인의 가슴속에서 삭정이 타는 냄새가 난다
그도, 미친 듯이 피어나는 장미의 계절이 있었을 텐데
마른 이파리를 흔들며 웃는다

눌러쓴 모자 사이로 삐져나온
어수선한 시간을 헤집고 바람을 바라보는
눈물 마른 눈 속에는 마른번개가 칠 듯도 하고

활짝 핀 장미로 뒤덮인
반쯤 무너진 담장이 무안한 듯 붉은데
지고 있는 꽃의 안부는 안 들어도 다 알겠다

천 권의 사연이 적힌 얼굴을 보며
곳곳마다 흐드러진 장미 이야기를 건넨다

그도 나도 꽃에 휘감긴 담장도
해설피 웃는다

쏟아지는 하늘을 긋고

무성한 풀숲에서 흔들리는 강아지풀을 뽑아
손끝에 풀물이 들도록 비빈 적이 있다

시들어가는 것이 애처로운데
잘린 통증은 아랑곳없이
비벼대는 손에 푸른 냄새를 쥐어 준다

비를 그어 갈 줄 모르는 들녘의 풀 같고
햇살 한 줌에 비를 털고 활짝 피어나는
강아지풀 같은 그녀에게서
물난리가 난 듯 휘몰아치는 소리가 들린다

보도블록 틈으로 내민 풀 한 포기라도
꺾거나, 뽑거나, 밟지 않기로 한다

수시로 장마전선에 드는 그녀
무게를 기억하는 눈에서 빗물이 흐른다

잠시 해 떴다가 다시 비 내린다
처마 밑에 서서 먼 하늘을 보지만
가늠할 수 없는 장마다

3부

바람 소리 우거진 계절의 어디쯤

상심경보

멀쩡한 참외가 줄기에서 떨어졌다
여름철 장마 재해라지만
물컹거리는 꼭지에서 간절함이 보인다

겉은 멀쩡하지만 곪았을 저 속

덩굴 싱싱했으면 좋겠지만
시들었다 해도 아직은 끝물 아니기를

*

사나운 바람에 흔들리던 그
깊은 숲속 나뭇가지에 줄을 걸었다는데
새벽빛 환한 수풀의 적막이 와르르 흩어졌겠다

비 그친 후 풍경 같은 웃음을 짓는 그의 얼굴
장맛비는 지나갔지만
다시 쏟아질 것 같은 먹장구름이 스친다

옥수수 헛뿌리도 여름을 견디는데

상형문자 같은 번개를 해독하지 마시길

보탑사 느티나무

수액을 꽂고 지팡이를 짚고
동구 밖을 내다보시는 느티나무
까치발 든 까닭을 묻지 못했다

천왕문 문턱을 수없이 넘나들며
태풍, 벼락, 벌레 울음소리도 품으시고

몇백 년을 이름 아득한 중생의
뒤축 닳은 신발을 새겨 보았을 것인데
아무도 모르게 발 위에 던져둔 근심을
온몸에 품으시고

느티나무 부처님이 웃으신다

푸르게 따라 웃는 바람 속에
와불로 누워 계시던 엄마의 기도가
오늘도 환하다

* 충북 진천군 진천읍 김유신길 641에 있는 사찰.

푸른 울음

당신이라는 나무에 아직도 이끼 푸른데
물줄기 끊기다니

당신은 아무 일 없는 듯 웃고
나는, 비릿한 웃음에서 떨어진 걱정을 줍는다

느닷없이 무너진 돌담에서
발 닿을 곳을 찾는 담쟁이넝쿨도 밤을 지새우며
허공을 그었다

식사는 하셨어요
한마디 말도 건네 보지 못했고
당신이라는 그늘에 앉아 보지 못했다

동그랗게 말은 등의 무게에 발이 저리다
한 발짝도 딛고 일어설 수 없다

언제 터질지 알 수 없는
바람 가득한 고무풍선 같은 울음통을

단단히 옹처맨다

간절한 것들의 오후

마른 지렁이를 옮기는 개미 떼의 행렬을
바라보는 내가 땀에 젖는다

보도블록 틈새로 돋은 잡풀의 이파리에 걸린
밀잠자리의 날개를 살려내는 개미 떼들

속이 텅 빈 고목의 이파리들은
개미의 행렬 쪽으로 뭐라고 뭐라고 속엣말을 건넨다

개미의 시력은 어디까지 닿는 것일까

허기도 노동도 새카만 저 쓸쓸한 종족의
먹이 사냥을 바라보며

뜬금없이 햇살 한 귀퉁이를 훔쳐다가
부처님이라도 베껴서 건네주고 싶다

상처도 통증도 다 제 몫이 있다

여우비에 젖는 날

울퉁불퉁한 단호박 껍질을 벗긴다

땡볕에서 장맛비를 견디며
달빛을 앞세우고
걷고 또 걸어서 별에 닿으려는 듯
울타리를 넘었다고 이른 풀벌레가 우는소리를 한다

단호박의 노란 속살과 함께
손끝의 한 귀퉁이가 잘리고
뻔히 알고 있는 것에 생채기가 난다

괜찮아, 그나마 다행이야, 큰일 날 뻔했네, 조심해야지,
말의 넝쿨이 길게 뻗는다

몇십 년 물기 마를 새 없던 손
첫 잎에 이슬방울이 맺힌 듯
아지랑이가 앉았지만
호강도 받아본 손이나 하는 것이라고

햇볕 쨍쨍한 날 여우비에 젖는다

기억이 출렁이는 바다

계절을 다한 눈빛으로
바다가 보고 싶다는 어머니

소소리바람에 흔들리는 벼를 보며
아, 바다다
물이 많기도 하다
아이 좋아라

잔물결에 서서히 떠밀려 가는 나뭇잎을 보듯
보고 또 보며 환해진다

엄마는 푸른 바다였다

내 파도에 쓸려나가는 모래였다가
풍랑을 만나 위태롭게 흔들리는 조각배였다가
풍랑이 잦아들기를 기다리는 선장이었다가

발 닿을 수 없이 멀어져 가는 기억 속에는
낯선 것뿐이지만
낯익은 파도를

이제나저제나 기다린다

당신을 덮친 파도를 뒤집는 풍랑이 당도한다는
일기예보가 오보일 것을 빈다

눈물 대신 흥얼거리는 노래

허름한 담장에 내려앉은 새
소리를 꺼내 길을 연다

어떤 이는 새소리를 우짖는다 하고
노래라고도 하지만

나는 새의 눈물을 보았다

아기 새를 땅에 떨어뜨리고
저만치 날아갔다가 다시 돌아오고
오지도 가지도 못하는
다급한 눈동자를 보았다

내 어머니처럼 눈물 자국이 남지 않을 뿐이다

웃으니까 웃어지고 먹으니까 먹히고
하루하루 사니까 살아졌던

매 발톱처럼 할퀴는 바람을 참는 것이 더 쉬웠던
어머니

〈
깃털이 떨어져 내리듯 고요히 와서
아침 이슬을 턴다

나는, 새처럼 가사가 없는 노래를 부른다
땅에 떨어진 감을 입바람 불어서 흙을 털고 웃으시던
어머니에게 배운 노래다

쓸쓸을 덜어내는 방식

발등에 불이 떨어진 출근길
옆집 할머니의 거미줄에 발이 걸렸다

밑동이 죄다 녹아내린 배추
화투 치던 아래층 할머니는 요양원으로 갔고
친절하던 부녀회장이 이사했다는 소식까지 줄줄이 풀어내며

명지바람 가득한 눈빛으로 어서 가라고 손짓하다가
괄호 안에 들어갈 정답을 찾은 듯
'요즘은 아프면 큰일 난다, 받아주는 병원이 없다'

가슴에 가득 쟁여둔 아침과 저녁을
거미줄처럼 뽑아낸다

쓸쓸을 덜어내는 방식이다

몇 발짝 안 되는 거리가 천 리였다

거미줄을 걷어내며 구겨진 신발을 고쳐 신는

출근길

담장 아래 분꽃도 저 혼자 피고 저 혼자 지고

분꽃도 할머니도 나도,
혼자다

속이 빈 것들은 한쪽으로 눕고

굽어 흐르는 억새의 물결을 따라가면

여덟 개의 용종이 무럭무럭 자란다는
나의 영토
조용히 자라는 중이라는데

깊은 골짜기에서 자라는 것들일수록 입이 무거워서

속대에 바람 가득한 억새를
우두커니 바라보며 함께 흔들리며

세상에는 어쩔 수 없는 것이 많기도 해서

몸집만 키우는 집을 허물고
다시 지어야 할 집을 구상 중인데
바람 소리 우거진 계절의 어디쯤 자리를 잡을까

폭염을 막아낼 창문을
어디쯤 내어야 할까

억새는 자꾸 한쪽으로 눕고

코피티션 Co-petition

돌과 돌이 부딪히는 소리에서
이리저리 튀는 불똥

금방이라도 불이 붙을 것처럼 달궈지고
돌의 모서리는 온통 상처 자국이다

지구를 몇 바퀴 돌고 온 듯한 눈빛에 부딪힌
돌
부서진 조각을 모아 탑을 쌓는다

풍랑을 막아주던 돌이 사라지고
쌓아놓은 탑을 무너뜨리는 파도만 남았다

가슴에 퍼런 멍울이 자리를 넓혀 갈수록
좁아지는 가슴

긋고 그어도 자꾸만 지워지는 경계선 너머에서
이리저리 흔들리면서도 돌을 움켜쥐고 중심을 잡는다

그도, 나도,
모서리가 닳은 모난 돌이다

사과씨의 오후

사과를 반으로 자른다
해충에 시달린 흔적 없이 붉은데
씨앗 주위에 검게 핀 곰팡이

문드러진 속을 도려내야 한다

비가 지나고 나면 단단해질 것이라고
여름 장마를 막 건넜는데
씨앗은 다시 싹을 올릴 수 있을까

속을 전혀 알 수 없는 사과 같은 여자를 안다

혀끝에서 사과 향이 났던 여자

건강검진을 받고 온 후부터
오랜 가뭄으로 쩍쩍 갈라진 길을 걷는 듯하고
바람 한 점에도 후르르 떨어지는 나뭇잎 같다

하루하루 바람의 눈치를 살피고
앞산 중턱에 걸린 햇살을 더듬으며 오후로 접어드는

여자

  식음 전폐하던 그녀의 핸드폰이 울린다
  혹, 싹이 돋을지도 모른다는 소식일지도 모른다

나는 엄마다

나는, 발이 없어도 걷는 조개다

가뭄을 타는 풀포기처럼 허옇게 마르면서도
물길을 찾아 걷는다

발에 물집이 잡히고 손톱이 부러지는 시간 속에서
펄을 가득 물고 꾹 다문 입

비빌 언덕이 무너지고 어둠으로 꺼지는
조개가 게워 낸 갯내

하늘도 땅도 아닌
전혀 알 수 없는 미지의 세계에서

역방향으로 흐르다가 부딪히며
나도, 조개처럼 걷는다
길 끝이 보이지 않아서, 무엇이 있는지 몰라서
끊임없이 걷는다

이리저리 파도에 쓸려 훤히 드러난 모습에도

갈매기는 무심하지만

내가 붉은 조개를 그리워하듯
붉은 조개가 된 내게로 걷는 조개가 있을 것이다

오늘도 파도 속에서 걷는다

몰아치는 짝사랑

일방통행으로 달려들어 물거품을 일구는 파도
바위는 꿈쩍하지도 않는다
몰아치고 다시 몰아쳐도
한없이 부드러운 물거품
다가서면 금방이라도 꺼질 것 같아
멈추기를 기다리는데

비 오는 날이면 더 힘차게 달려들어도
바위는 고요하다

꺾이지 않는 질긴 시간
넓은 백사장에 조그맣게 손 글씨를 쓴다
파도가 도리질하며 지워 버린다

*

노란 들국화 한 송이를 꺾어 화병에 꽂았다
아침이면 화병의 물이 반쯤 줄어 있다
이틀이나 환했을까
꽃은 허연 낮달처럼 바래져 간다

〈
물들기 좋은 계절이지만
붉지 못하고 지는 나뭇잎도 있다

열감기

가을비가 내린다

벼 베고 난 논바닥 움푹 들어간 장화 발자국 속에
낮달이 떠 있다

흐르는 구름을 헤집고
목을 축이며 게워 낸 참새 소리가 가득한 논
훅 끼얹은 안개에 갇혔다

물속에 물고기가 몇 마리 살고 있는지
헤아릴 수 없듯이

떨어지는 나뭇잎에도, 파문이 이는 호수에도
물고기가 살고 있을 것이라는 짐작뿐

한 송이 두 송이 세 송이 수만 송이의 열꽃을
밤새도록 꺾는다

털고 일어난 자리에 떨어진 꽃잎 수북하고

가을비는 그칠 줄 모르고

하늘의 눈동자

열매를 맺지 못하는 은행나무
하늘의 눈치만 살피는데

앞마당 한 편에서 꼬리를 흔드는 강아지에게
뼈다귀를 한 번도 물려주지 못하는 옆집 할아버지
눈을 맞추고 앞발을 달라고 내미는 손등에
꽃구름이 흐른다

안부를 전하는 내게는
나무도 풀도 없는 황무지 같은 눈빛이거나
서릿발 같은 바람처럼 불었는데

밥그릇을 뒤집어엎으면서 꼬리를 흔드는
누렁이 앞에서 웃는다

등을 말아 오그라든 어깨를 기어오르며
핏줄 선명한 얼굴에 핀 저승꽃을 핥던 누렁이

할아버지도 누렁이도 보이지 않는 저녁

제 죽음을 조문하는 은행나무 노란 불빛이 따듯하다

국수를 삶는 불덩이

바람의 경로를 훤히 꿰뚫고
가랑잎 같은 가슴을 오르내리는 불꽃

방향을 가리지 않고 번지거나, 사그라들다가
재티 속 불씨처럼 되살아나며
마른나무, 생가지를 가리지 않는다

내 안의 심지
바람에 일렁이다 바람에 꺼지는데
화르르 살아나는 불꽃

*

국수를 삶는 저녁
주르륵 흘러넘쳐 틈새마다 얼룩을 남기지만
물 한 방울에 금세 잦아들기도 한다

뜨거운 시간을 식혀 본다

유피미즘euphemism

가시덩굴에 몸을 낮췄지만
등으로 고스란히 받아 적은 붉은 글씨가
살을 파고든다

내 등을 쓸어내리며
아녀 아녀 너희 아버지는 그런 뜻이 아녀
아버지 말을 에둘러 전하는 것이
가시덩굴을 걷어내는 엄마의 방식이다

천둥소리에 귀를 막아 줄 때처럼
산에서 내리는 어둠의 그림자 같은 말도
그때뿐이라고 어르는 엄마

부러진 가시도 가시여서, 여선히 따기 운데
나도 엄마에게 가시덩굴이어서

뒤따르는 달빛에도 발밑이 어둡다

4부

시작이거나 끝이거나 중심이 되는, 점

대추나무에서 사는 말

사실과 다르지만, 사실처럼 살아가는 목숨

연초록 대추나무의 가시가 말속으로 옮겨갔다

가지치기할 때 손톱 밑에 박혀

통증을 참으며
고름에 갇힌 가시를 바라보는 당신

얼얼한 후회는 이미 늦었다

열매를 포기했는데
엇갈린 가지에서 붉어지는 열매 몇 알

손톱 밑에 박힌 대추나무 가시를 대추나무 가시로 빼낸다

가시 속에 사는 말, 말 속에 사는 가시,
숨어 사는 통증이다

즐거운 지각

이른 아침 까치 소리로 하루를 점친다

틀림없이 반가운 소식이 올 것 같은데
복권을 사야겠다

당첨이 되면 은행 빚부터 갚고
서울에서 월세방 전전하는 자식 집을 사주고
형제들한테는 얼마씩 떼어 줄까
신세 진 몇몇 지인에게 밥도 사야지

바람이 쓰러뜨리기만 하는 것은 아니라고
바람이 일으켜 세우기도 한다고
백색의 환상에 색칠한다

콧노래를 부르며
쪼개고 나누고 또 쪼개고
까치가 아침 시간을 쪼아 먹거나 말거나
눈 뜨고 꿈꾼다

쓰러지고 넘어져도 걸음을 늦추고 싶은 계절

〈
오늘의 운세는
신발 뒤축이 닳도록 뛰어야 한다

허수어미

내가 입고 엄마가 입었던 체육복을 입고
허수아비는 중학생이 되었다

돌멩이만 굴러도 까르르 웃음 터지는 사춘기여서
겨울바람에 일그러지면서도 웃는다

금방이라도 쓰러질 듯 뼈대만 앙상한데
벗은 어깨에 앉아 똥이나 싸고 가는
버르장머리 없는 새 떼들에게 팔을 휘저으며
헤벌쭉거린다

비가 내려도 맑은 눈동자로

학교 문턱도 가보지 않았지만
중학생이었던 것처럼

엄마로 설정되어서 엄마로 살았던 엄마를 해제하고
들녘의 갈대에 적용을 누른다

갈대는 흔들려야 갈대답다

〈
한평생 흔들렸던 엄마 얼굴에
은빛 물결을 그려 넣는다

점으로 세우다

생인손처럼 앓고 있는 세상의 불빛들
꺼지고 다시 켜지면서 점이 된다

나도, 세상의 점이거나 바람이다
내 안의 폭풍 같은 점에 걸려 넘어지거나
내 기둥에 기대는 사람도 있다지만
세상의 모든 통증은 바람 같아서
지나가거나 지워진다

언 땅의 흙을 파는 손톱이 붉은데

숨을 고르거나, 등을 기댄 사람들
물속같이 깊은 고요 속에서 지느러미를 꺼낸다

통증도 점이다

시작이거나, 끝이거나, 중심이 되는
점
비명처럼 붉은 불빛들이 환하다

바람울타리

울타리가 없는 가슴에는 바람이 자주 드나든다

새 떼가 앉으면 비바람이 쫓고
햇볕이 들면 흐르는 구름의 그림자가 가린다

길가
시멘트벽에 돋은 연두색 풀을 만나는데
허공에 머리를 두고도 마디를 늘린다

물이끼 낀 돌을 밟은 듯 미끄러지는 세상 이야기
울타리가 없는 것은 내일이 두렵다

겨울을 건너는 것들 속에서
푸른 씨앗을 찾아본다

애어리염낭거미*

큐피드 화살이 가슴에 박히는 속도는
양지가 음지로 바뀌는 속도다

역방향이거나, 사선으로 박힌 화살을
하나씩 하나씩 잡아 빼는 손

빠져나간 공간에 사는 통증의 새순들이
마음의 천장까지 웃자란다

밤낮 화살을 쏘아 올리던 손이
시치미를 떼고 바람이 되었다

그러니까 다시는 곁을 내주지 않겠다는 다짐

수천 년 타오르는 가슴이
부러진 화살을 찾는 것같이
얼음 속에서 무지개가 뜬다

가물거리는 불씨 한 점
노을을 삼키는 저물녘처럼

타오르지 않은 차가운 불길에 마음이 들끓는다

• 새끼들이 살아 있는 어미의 몸을 먹고 자란 다음 집 밖으로 나온다.

흰둥이 눈동자 속 해가 저물고

눈도 뜨지 못한 채 먼 길 떠난 강아지 두 마리
언 땅에 밀어 넣었는데
남은 새끼들 젖을 물리는 흰둥이 눈은
불길도 눈물도 없고
움켜쥘수록 손가락 사이로 빠져나가는 모래처럼
흰둥이의 기억은 이미 지워졌거나 지운 척하거나

묵은 갈대 같은 꼬리를 흔들고 또 흔든다

세상 어떤 어미의 가슴도
밤새 늑대 울음을 우는 바람 같을 테지만
저도 나도 속마음을 감추고 햇살 쪽을 향한다
남은 새끼를 핥고 젖을 물리고
차갑고 어두울수록 따뜻해지는 어미의 혓바닥에서
시린 김이 펄펄 솟는다

땅을 파는 습관이 다시 살아난 흰둥이 눈 속으로
해가 저문다

그 사랑은 녹슬지 않아

나무하러 가신 아버지
등짐에 구름을 한 짐 지고 오시면
비가 내렸다

삶은 고구마를 까주시던
까맣게 때가 낀 손톱

방이 식었는데 아버지 손이 없다

대청에 박힌 못도 녹슨 채로 죽었는지 살았는지

수없이 못질하던 손으로 앵두를 따고
반쯤 무너진 담장 옆 황매화를 어루만지고

못의 나이를 짐작하면 족히 수십 년은 되었을 텐데
휘어진 못, 튕긴 못, 잘린 못

비 내리는 날이면 내 가슴에서 녹물 냄새가 난다

어두운 발자국에 달이 차올라

밟히고 밟힌 발자국을 다시 밟으며
달이 지는 쪽으로 걷는 사람들

흩어지는 아지랑이 뒤덮인 눈빛으로
햇살 쪽을 바라보거나, 발등을 내려보며
종합병원 복도에서 지푸라기를 찾는다

북적북적한 고요

쏟아지던 비가 그치고 천둥 번개도 사라진 후
회전문 사이로 들어오는 시린 바람을
어둠 속을 더듬어 나온 얼굴로
그림자와 그림자가 부딪치는 복도를 지나간다

소나기가 지나간 얼굴에 햇살 환하다

얼음새꽃으로 오시는

살짝살짝 들고 가는 바람의 뒤꿈치에
절구통 속에 든 얼굴이 흔들린다

절구통 속에 떠 있는 이름들이 어둠 속에서 또렷한데
주름살 속으로 흐르는 땀방울에
가슴 부대끼는 소리를 들으며
절굿공이를 잡고 헛손질만 하는 밤

내일이면 아궁이 군불 지피던 아버지
보리를 찧던 엄마
풀 뜯으며 되새김질하던 소를 몰고
오빠도 오는 날이다

얼음새꽃으로 오시라고
하염없이 눈은 퍼붓고

세상을 하얗게 뒤덮는 눈발처럼
마음을 적시는 눈물이 흐른다

복수초 활짝 피었다는데

바람에 엎질러진 울음

천 년 묵은 선인장 가시가 박힌 울음

푸르던 눈 속에서 마른번개가 치고
뱅뱅 돌고 있는 자리마다 반질반질한 길이 된다

구유 속에서 꽁지를 까딱거리는 참새 떼나
등에 붙어 피를 빨아먹는 등에에게는
뿔을 휘두르거나 뒷발질하지 않지만

제 새끼에게 다가서면
눈을 부라리는 어미 소였는데

바람에 엎어지는 울음을 들으며
눈가로 몰려드는 파리 떼나 쫓아 주는데
처마 밑 고드름이 툭툭 떨어진다

뿔까지 어미 소와 똑 닮은 송아지
언젠가는 기억마저 외양간에 매달려 흔들릴 텐데
간간이 여물을 삼킨다
〈

엄마가 말려 놓은 마른 꽃잎 같은 손바닥을 펴 본다
뒤얽힌 길에서 넘어지며 부르는 이름
눈길에서 미끄러질 때도 부른다

엄마의 손금이나, 내 손금이나
어미 소의 멍에나, 송아지의 멍에나

어떤 울음

목울대가 우물보다 깊어서
물처럼 고인 말을 퍼 올리기까지
한참 동안 기다려도
마른 나뭇잎이 허공을 맴돌 듯
외양간을 바라보는 눈동자만 출렁인다

배부르게 먹어야 한다는 혼잣말을 알아들은 듯
여물통을 싹싹 훑고 있는데
고삐를 풀어내는 손

먹다 남은 사료를 가는 길에 얹어 주고
소의 엉덩이를 툭 치면서 하늘을 바라본다
입춘 지나고 쌓였던 눈도 녹았는데
여전히 시린 바람에 옷깃을 여민다

텅 빈 외양간에는
얼어붙은 발자국이 마침표처럼 선명한데
말을 잇지 못하는 눈동자
바람을 밀어 올린다
〈

세상에는
멀어질수록 크게 들리는 울음도 있다

모서리들의 계절

몇십 년을 버틴 척추처럼
계절을 적어둔 돌담
고스란히 받아낸 무게가 촘촘한데
휘감은 덩굴이
덩굴장미이거나 능소화뿐일까
칼잠을 잘 그늘 한 점 없는 이끼도 있다

생일이 뭔 대수라고
등 굽은 나무가 그늘을 넓히려고 잎을 틔우듯
눈에는 푸른빛이 가득한데
중심을 잃지 않으려는 갈대가 된다

무엇인가에 긁혀 상처 난 붉은 시간

깨진 것들의 모서리를 다듬으며
숨겨둔 웃음을 살며시 꺼내놓는다

생일 축하 노래를 부르면서
끝이 없는 시작점에 서 있는 남편의 계절을
푸른 돌담으로 읽는다

나비가 오지 않는 꽃밭

몇 겹의 실로 듬성듬성 꿰매거나
풀을 몇 번씩 바른 고무신은
흙길을 걷는 습관이 있었는데
나비가 다녀가는 것을 한 번도 본 적 없는
이 꽃밭을 누가 가꿨을까
가시밭길을 걸어도 꽃길이라는 헛말에 기대어
얼음처럼 꽁꽁 얼어붙은 꽃의 뼈마디가
닳고 닳아서 부서진다
암실에서 흑백 시간을 인화하듯
나비를 소환하면
물기 질척이는
고무신 소리 까마득하여
어제가 오늘 같고 오늘이 어제 같은 지지 않는 꽃으로
엄마가 날아든다

초승달이 지는 창가

초승달이 걸려 있다
구름에 가려서 어둡다가 환하다가

나무뿌리처럼 툭툭 불거진 손으로
음식을 흘리는 노인 앞에서
잔잔한 호수 같고 거센 파도 같은 눈빛의 혼돈이
아픈 곳이 있으면 빨리빨리 말하라고
몇 번이고 다짐을 받는다

피어나는 꽃의 소리를 듣고 말겠다는 듯
두런거리는 쪽으로 귀를 기울인다

이곳저곳 천지사방 꽃이고
목련꽃 눈부신데
바람 같더라도 굳게 다짐받을 손이 없다

손톱의 초승달이 지워지면
손톱 밑이 벌겋던 어머니

초승달이 지는 중이다

쓸쓸은 양지바른 쪽에 있다

날개 없이 나는 새였다니
수없이 곤두박질치고 날개 꺾인 상처 선명한데
얽히고설킨 세상 사이를 날아다닌다

진자리에서 흠뻑 젖고
맨살 벌겋게 드러나도 여전히 깃을 세우고

한 곳에 머무르는 새는 없듯이
진종일 날아올랐다가 내려앉고 다시 날지만
텅 빈 허공은 단단하기도 한데

쓸쓸은 양지바른 쪽에 있다
뿌리를 뻗고 잎이 돋고 꽃이 핀다

꽃 피는 계절과 꽃 지는 계절의 팽팽한 경계 위에
깊을수록 따뜻한 땅속으로 숨는다

내 쓸쓸은 봄이라서 늘 푸르다
어쩌면 시퍼렇다

❀해 설

아름다움이라는 의지

박동억

1. 둥근 내면

사람에게 가장 간절한 공간, 이를테면 우리가 '마음'이라는 단어를 발음할 때 상상하는 공간은 무엇인가. 바슐라르는 『공간의 시학』의 마지막 제10장에서 가장 원초적이면서도 가장 아름다운 공간의 이미지를 원_圓이라고 규정한다. 예컨대 그는 알과 지구, 둥지와 하늘 등의 이미지를 예로 들며 그러한 원형적 공간의 매력을 설명한다. 누구나 둥근 것을 보면 접촉하고 싶다. 왜냐하면 그 부드럽고 매끈한 물질은 알이나 자궁처럼 우리의 가장 순수하고 아늑한 휴식처를 떠올리게 만들기 때문이다. 이때 바슐라르가 강조하는 바는 곧 시인이 둥근 이미지를 관조하는 것이 아니라 둥근 이미지 '가운데' 사는 자라는 사실이다. 누군가는 원 속에서 자신이 상실한 유년을 찾아 헤맨다. 그러나 진정 둥근 존재로서 산다는 것은 현재를 둥글게 빚어낸다는 것이다. 시인은 고통 속에서 휴식한다. 다시 말해 시인은 미래에 대한 몽상과 과거의 상념을 딛고 그의 존재를 아우르는 둥근 내면을 창조하는 자다.

마찬가지로 우리는 이 시집의 첫 페이지에 수록된 시 「저 붉은 새, 포인세티아」를 바슐라르적 분답에 비추어 읽어낼 수 있다. 사람은 언제 둥근 공간을 갈망하게 되는가. "바람이 숨 쉴 틈 없이 우거질수록/새의 둥지가 되는 숲이 있다"라고 시인은 쓴다. 요컨대 세상이 거친 풍파로 우리를 괴롭힐수록 우리는 그러한 고통에서 벗어나기를 바라며 '새의 둥지' 같은 휴식처를 꿈꾼다. 물론 그것은 충분치 못할 수도 있다. 시인이 얻었던 휴식처는 "한 조각 달빛도 들지 않은 구석"처럼 척박한 자리였거나 "볕뉘 한 줌" 혹은 풀잎 끝의 "물구슬" 하나가 귀하게 느껴지는 가난한 위치였을지도 모른다. 그런데 시인은 그 그늘을 견뎌내는 "포인세티아"의 붉음이나 "나비"의 몸짓을 응시한다. 그는 척박하고 가난한 삶을 견뎌내고 '자기'를 이뤄낸 모든 존재로부터 아름다움을 발견하는 셈이다. 더 나아가 시인은 그 동식물을 아울러 "엄마의 심장"이라고 발음하려 한다.

어머니의 심장 소리를 가장 깊이 들을 수 있는 순간은 언제인가. 쉽게 연상할 수 있듯 이 시집의 근원적 쉼터이

자 둥근 이미지로서 암시되는 것은 어머니의 품이다. 고통받는 몸을 보듬는 이미지로서 어머니의 품은 보편성을 지닌다. 그런데 더 섬세히 표현하자면 그것은 누구에게나 내밀하고 사적인 것이다. 이는 고통의 성격과도 연관한다. 삶을 대리할 수 없듯, 고통 또한 나눌 수 없기에 홀로 견뎌야 하는 것이다. 고통을 증언하려는 순간 그것은 남들이 겪는 일반적인 통증이 되어버린다. 그렇기에 삶의 괴로움은 언어화하기 어렵다. 고통에 대한 고백은 시 장르처럼 주관적 언어를 통해 이루어져야 한다. 마찬가지로 몸의 고통을 보듬을 수 있는 것은 세계가 아니라 오직 어머니의 품인 것이다.

어머니의 신체란 이 세계에 내던져진 한 존재의 몸을 향한 단 하나의 응답이다. 그러한 응답을 확신하기 때문에 윤혜숙 시인은 『그래도, 꽃 필 자리』라는 시집의 제목처럼 삶을 긍정할 수 있었을 것이다. 한편으로 시인은 삶이 고단한 여정임을 확신한다. 이 시집에 나오는 삶의 이미지는 "진눈깨비 내리는 길"(「끄트머리 같은 말」)이고 사고가 일어나기 직전의 "통로가 사라진 길"(「쏟아지는 신호등」)이다. 동시에 그러한 길에 비바람이 몰아치는 모티프 또한 반복한다. 이때 윤혜숙 시인의 시 쓰기는 세상에 대한 하나의 응답이 되기를 바란다. 그의 언어가 저 먼 타자의 고통을 보듬기를 소망한다. 예컨대 「불빛에 지워진 숨」이라는 작품에서 시인은 차에 치여 죽은 고라니를 위해 기도하고, 그러한 기도가 "산수유꽃처럼 샛노란/노래"에 가까워지기를 바란다. 이처럼 시인은 세상이 아름답기 때문에 긍정할 만한 것이 아니라 눈앞의 주어진 현실이 무엇이든 그것을 아름답게 보려는 의지가 소중한 것임을 안다.

전깃줄에 앉은 참새의 거리만큼 까마득한 거리

가을과 겨울 사이로 접어든 몸에
도둑고양이 걸음으로 찾아든 검붉은 혹

헛매질로는 쫓아내거나 떼어낼 수 없어
까무룩 가라앉는데

손가락 반 마디도 안 되는 터를
관찰 추적하자는 설명을 듣는다

몸에 구슬 같은 알갱이 하나 허락할 수 없듯
목숨도 텃세를 부리는 것이라고
강변 억새 바람이 달려와 들려준다
〈

불볕더위에도 시린 계절을 건너가는

맨발

　　　　　　- 「가만히 바라보는 불청객」 전문

  이 작품에서 '나'라는 주어가 사용되지 않았다는 사실은 중요하다. 몸에 "검붉은 혹"이라는 병변이 생겼다는 의사의 진단을 시인은 어느 위치에서 듣고 있는가. 그는 몸을 '나'의 소유가 아닌 마치 타자에게 건넬 수 있는 것인 양 태연하게 말한다. 여기 자신의 건강을 지키는 것도 텃세 부리는 일에 지나지 않다고 말할 수 있는 넉넉함이 있다. 자신의 목숨조차 저 강변 억새 바람의 입장에서 바라볼 수 있는 초연함이 있다. 바로 이로부터 윤혜숙 시인의 시에서 반복하는 둥근 내면의 본질을 깨닫게 된다.

  삶은 고단한 것이다. 고통은 끝없는 것이다. 그런데 타인의 고통에 대하여 이해할 수 없는 타자성이라고 표현하는 대신 그것에 응답하는 자리를 마련하는 것이 윤혜숙 시인의 언어이다. 또한 자기 삶의 고단함에 대해서도 괴로움이라 표현하는 대신 내어줌이라고 말하는 방식이 바로 윤혜숙 시인의 시다. 그렇기에 그의 목소리는 '맨발'일 수 있다. 따라서 여기 전제된 것은 '고통으로서의 세계'라는 인식과 그 안에서 '순환하는 생명'에 대한 실감이다. 몸이란 다만 고통의 자리이다. 몸은 언젠가는 다른 존재에게 그것을 건네게 될 '터'이다. 시인은 그렇게 순환하는 생명의 순리를 견뎌내는 생명의 몸짓에 대하여 '맨발'이라고 부른다.

2. 품과 시달림

윤혜숙 시인의 시에서 반복하는 둥근 내면이란 고통에 대한 초연함이라고 할 수 있다. 이 초연함은 시인의 개인상징에 따르면 '맨발'이고, 조금 더 익숙한 어휘로 바꾼다면 영혼이라고 부를 수 있겠다. 고통은 가장 내밀한 것이면서도, 쉽게 말해질 수 없는 것이다. 그러나 시인은 고통에 한탄하는 대신 고통을 품고자 한다. 이에 "내 입속에 쟁여둔 말들이/개화를 앞둔 봄꽃만 같기를"(「폭설 속으로 뛰어드는 말」) 바라는 시인의 마음을 하나의 지극해지기 위한 자세라고 바꾸어 불러도 좋을 것이다.

따라서 윤혜숙 시인의 시는 아름다운 대상을 묘사하는 것이 아니라 그 어떤 것이든 아름답게 발음하려는 혀끝에서 탄생한다. 작품 전반의 자연시어는 고통을 승화시키는 하나의 상징으로 받아들이게 된다. 무엇보다도 "꽃처럼 시들거나 꺾이지 않을 아픔"(「흐린 꽃을 슬픔이 꽂고」)이라는 시어처럼, 어떤 아픔 또한 응시하고자 하는 각오가 이 시집에는 깃들어 있다. 시인에게 자연물이 아름다운 이유는 그것의 형태나 색채가 아니라 그 존재가 오롯이 자기 몫의 고통을 견디고 있다는 사실 때문이다. 그렇기에 이 시집에서는 꽃이 피는 것은 곧 꺾이지 않으려는 의지이고, 사람이 선다는 것은 곧 쓰러지지 않으려는 다짐이다.

긴 눈썹 밑으로 슬픔이 우거진다

뒷발질 앞발질로 물살을 가르는 소
뭉게구름 유유히 흐르던 눈동자에
깊이를 짐작할 수 없는 절규가 흐른다

폭우를 뚫고 들리는 진혼곡

어찌어찌 돌아온 소 떼들
여물을 외면한 채 두려움을 되새김질하는데
여러 빛깔의 눈동자에서 속엣것이 읽힌다

폭우에 꺾인 풀잎들 서서히 일어서고
범람했던 냇물 잦아들어 제 속을 드러내고

〈

무거운 발걸음에 들리는 워낭소리

참 맑다

　　　- 「워낭을 흔들고 간 장마」 전문

 고통에 관한 원초적인 상징은 물이고, 그것은 고인 호수와 흐르는 강이라는 두 가지 양상으로 분별 될 수 있다. 어떤 고통이 마음속에 붙박여 좀처럼 떨쳐낼 수 없을 때 그것은 '고이는 물'에 가까워진다. 반면 「워낭을 흔들고 간 장마」에 나타나는 '흐르는 물'의 이미지는 고통의 승화를 예비한다. 이 작품은 소의 고통을 주제로 한다. 시인은 소에게서 우거진 숲 같은 슬픔과 "깊이를 짐작할 수 없는 절규"와 여물을 외면할 정도의 "두려움"을 읽어내는 한편, 자꾸만 그러한 고통의 표현에 "뭉게구름 유유히 흐르던 눈동자"라거나 "범람했던 냇물 잦아들어 제 속을 드러내"는 이미지를 덧댄다. 바로 그것은 소의 슬픔이 잦아들고 스스로 견뎌낼 수 있기를 바라는 소망을 드러낸다. 이 다정한 마음은 "무거운 발걸음에 들리는 워낭소리/참 맑다"라는 시구에 드러난다.

 그렇다면 시인은 어떻게 타자의 고통이 말갛게 승화될 수 있다고 믿는 것일까. 고통스러운 마음은 끝내 잦아들 것이다. 이러한 믿음이 여러 시의 마지막 행에서 강조되는 것을 확인할 수 있다. "캄캄하던 마음이 환하게 열린다"(「미루나무 그늘을 열고」)라거나 "혼자서는 일어설 수 없는 갈퀴 넝쿨이/햇살 쪽으로 길 잡은 아침을 휘감는다"(「고양이 넝쿨」)라는 시구가 그렇다. 앞서 「저 붉은 새, 포인세티아」에서 분석했듯, 세상을 너그럽게 바라볼 수 있는 원천은 '엄마의 심장'이자 '어머니의 품'이라고 할 수 있다. 시인에게 어머니는 세상을 떠났어도 "아가 길을 잃었더냐?"(「홍매화에 적은 주소」)라고 말 건네는 다정한 존재이며, 그렇게 어머니가 자신을 살피어주시듯 시인 또한 세상을 살피고자 한다고 이해할 수 있다.

한편 세상을 너그럽게 대하는 마음의 또 다른 원천은 불교적 사고이다. 시집 곳곳에서 '환생'(「불빛에 지워진 숨」) '부처님'(「간절한 것들의 오후」) 등의 시어가 활용되듯, 시인이 불교적 모티프를 의식하고 있음을 확인할 수 있다. 무엇보다 삶을 고통으로 여기고 생명을 일종의 순환으로 여기는 인식론은 불교의 연기론을 떠올리게 한다. 흥미로운 사실은 이러한 불교사상이 어머니에 대한 애도의식과 밀접한 연관된다는 점이다.

> 수액을 꽂고 지팡이를 짚고
> 동구 밖을 내다보시는 느티나무
> 까치발 든 까닭을 묻지 못했다

〈

천왕문 문턱을 수없이 넘나들며
태풍, 벼락, 벌레 울음소리도 품으시고

몇백 년을 이름 아득한 중생의
뒤축 닳은 신발을 새겨 보았을 것인데
아무도 모르게 발 위에 던져둔 근심을
온몸에 품으시고

느티나무 부처님이 웃으신다

푸르게 따라 웃는 바람 속에
와불로 누워 계시던 엄마의 기도가
오늘도 환하다

- 「보탑사 느티나무」 전문

  병든 어머니의 모습과 보탑사 느티나무의 모습을 병치은유하는 작품이다. 이 작품에서 시인은 동구 밖을 향해있는 저 느티나무가 "태풍, 벼락, 벌레 울음소리"를 견뎌냈다고 쓰는 대신 '품으셨다'라고 쓴다. 또한 몇백 년 동안 중생의 신발을 새기며 "아무도 모르게 발 위에 던져둔 근심을/온몸에 품으시고" 있었다고 쓴다. 마찬가지로 시인에게 어머니는 제 몸의 고통을 오롯이 품은 채 돌아가신 어른이셨을 것이다. 그 오랜 근심 속에서도 부처님처럼 웃으시며 환하게 작별 인사를 건네신 분이셨을 것이다.

곱씹어볼 것은 이 작품에서 '근심'을 대하는 태도이다. 나는 근심을 품어내는 자세로부터 '시달림'이라는 단어를 떠올린다. 시달림은 인도의 시타바나Sitavana에서 유래한 말인데, 시타바나는 부처의 시대에 중인도 북부의 숲을 가리키는 말이다. 이 당시 인도에는 죽은 시신을 숲에 던져 놓아 새가 쪼아 먹도록 하는 조장 풍습이 있었다. 부처는 각종 질병이 창궐하고 시체 썩는 냄새로 가득한 시타바나 숲을 수행 장소로 사용했다. 마찬가지로 윤혜숙 시인이 어머니를 '와불'이라고 부를 때 그가 지향하는 가장 이상적인 존재론적 자세가 무엇인지 드러난다. 그것은 어떠한 시달림이든 더 나은 존재가 되는 깨달음의 계기로 삼으며 끝내 '환하게' 웃을 수 있는 고행의 자세인 셈이다.

3. 그래도, 환한 곳으로

어머니의 마음과 불법 중에서 무엇이 더 윤혜숙 시인의

중핵을 이룰까. 이는 쉽게 답할 수 있는 물음인데, 「보탑사 느티나무」가 '엄마의 기도'라는 개인상징으로 끝맺듯 결국 윤혜숙 시인의 시에서 뿌리에 놓인 것은 어머니의 목소리로 판단된다. 이 시집의 배음처럼 맴도는 것은 "어머니에게 배운 노래"(「눈물 대신 흥얼거리는 노래」)이다. 떠올려볼 것은 사람은 애도함으로써 자아를 이룬다는 주디스 버틀러의 표현이다. 버틀러가 『위태로운 삶』이라는 저서에서 던지는 화두는 다음과 같다. 사람은 당신 없이 내가 어떠한 존재로 존재할 수 있느냐는 물음 속에서 '나다운' 삶을 발견한다. 이는 어떠한 사람도 홀로 자아를 이루는 것이 아니라 타인과의 관계 속에서 자아가 성립한다는 간명한 사실을 뜻한다. 마찬가지로 윤혜숙 시인의 시에서 어머니를 기리는 마음은 곧 어머니처럼 세상을 너그럽게 대하는 태도로 확장한다. 이로써 그의 시는 지극한 애도가 곧 윤리가 될 수 있다는 사실, 더 나아가 세계에 대한 존재론적 태도로도 확장할 수 있다는 사실을 보여준다.

좀 더 과감하게 표현한다면, 이 시집에서 가능한 윤리는 고통받는 모든 존재를 향한 가없는 응답이라고 할 수 있다. 이러한 주제는 '아버지'를 그리는 「그 사랑은 녹슬지 않아」 「얼음새꽃으로 오시는」 등의 작품에서 서로를 위해 헌신하고 희생하는 가족이라는 형태로 차츰 구

체화하고, 시집 전반에서 동식물에 대한 사유로 이행한다고 볼 수 있다. 가족처럼 심려하는 세상이라는 주제는 세상이 '나'에게 다정하게 응답할 것이라는 확신과 '나' 또한 세상 모든 존재에게 다정하게 응답할 것이라는 의무를 내포한다고 볼 수 있다. 그렇기에 시인은 쉴 새 없이 움직이는 개미 떼를 보며 "뜬금없이 햇살 한 귀퉁이를 훔쳐다가/부처님이라도 베껴서 건네주고 싶다"(「간절한 것들의 오후」)라고 말하기도 하고, 일인용 침대에 누웠을 때 그것이 그의 고단한 삶을 어루만지는 손길 같다고 표현하기도 한다(「고요를 들키다」). 시인에게는 동식물을 비롯하여 사물까지도 교감의 대상인 셈이다. 그런데 이에 뒤따르는 하나의 반문은 다음과 같다. 어디까지 공감은 가능할까. 과연 모든 타자의 고통을 보듬는 일이 가능할까.

나는, 발이 없어도 걷는 조개다

가뭄을 타는 풀포기처럼 허옇게 마르면서도
물길을 찾아 걷는다

발에 물집이 잡히고 손톱이 부러지는 시간 속에서
펄을 가득 물고 꾹 다문 입

〈
비빌 언덕이 무너지고 어둠으로 꺼지는
조개가 게워 낸 갯내

하늘도 땅도 아닌
전혀 알 수 없는 미지의 세계에서

역방향으로 흐르다가 부딪히며
나도, 조개처럼 걷는다
길 끝이 보이지 않아서, 무엇이 있는지 몰라서
끊임없이 걷는다

이리저리 파도에 쓸려 훤히 드러난 모습에도
갈매기는 무심하지만

내가 붉은 조개를 그리워하듯
붉은 조개가 된 내게로 걷는 조개가 있을 것이다

오늘도 파도 속에서 걷는다

― 「나는 엄마다」 전문

'어머니를 애도할 때'의 평온한 어조와 달리 '엄마로서 산다는' 현실 앞에서는 사뭇 어조가 달라지는 것을 확인한다. 「나는 엄마다」라는 제목처럼 조개의 이미지에 '엄마'의 처지를 빗대어 형상화한 작품이다. 여기서 암시되는 것은 '엄마'라는 삶의 모호성이다. 이 작품에서 조개는 그저 때론 가뭄에 시달리고, 때론 파도에 휩쓸리며 방황할 뿐이다. 이 여정이 어디로 향하는 것인지 그 끝에 무엇이 놓여있는지도 분명치 않다. 마찬가지로 윤혜숙 시인에게 '엄마로서 산다는' 것은 삶의 막막함과 고통스러운 처지로 감각된다. 명확한 것은 고통이다. 시인은 "붉은 조개"를 그리워했고, 이제는 자신 또한 붉은 조개가 되었다고 쓴다. 이처럼 시인에게 '엄마'로서 산다는 것은 피 흘리는 고통을 감내하며 전진하는 삶이다.

  '엄마'라는 삶의 위치가 곧 고통과 희생을 감내하는 운명이라면, 그 운명이 타인의 것일 때 아름다운 것으로 승화하고 자신의 것일 때는 비교적 고통스럽게 묘사한다는 사실을 엿볼 수 있다. 이 두 간극이야말로 이 시집의 진실성이라고 할 수 있겠다. 그는 타인에게는 다정한 위로를 건네지만, 자신에게는 그렇게 할 수 없다. 어쩌면 그의 마음 한구석에 감춰둔 것은 고통을 극복할 수 없다는 체념이 아닐까. 동시에 그는 고통을 순연히 이겨내는 타자의 몸을 상상하면서 그 자신이 위안을 받는 것은 아닐까.

줄곧 이 시집에서 소재로 다루는 대상이 고통이듯, 근본적으로 시인은 사람이 고통에서 벗어날 수 없음을 알고 있다. 이를테면 "흩날리는 꽃잎을 쓰면서/천천히 깊어지는 봄밤을 견딘다"(「봄비탈을 오르는 중」)라는 문장에서 시인은 봄밤을 '견딘다'라고 표현했고, 그 제목처럼 봄을 하나의 오르막길처럼 느꼈다. 봄조차 견딤이다. 산다는 것은 놀라운 사건 때문이 아니라 "뻔히 알고 있는 것에 생채기가"(「여우비에 젖는 날」) 나는 과정이고, "사실과 다르지만, 사실처럼 살아가는 목숨"(「대추나무에서 사는 말」)에 지나지 않는다. 시 쓰기는 이 필연적인 체념에 맞서 "다시 지어야 할 집"(「속이 빈 것들은 한쪽으로 눕고」)을 찾아 헤매는 행위다. 그렇다면 윤혜숙 시인은 어디서 '집'을 찾아 헤매는가. 많은 시인이 자신의 내면을 준거점으로 삼아서 휴식처를 이룬다면, 그는 고통을 견디는 타자의 몸으로부터 배운다. 저 수많은 사람들이 삶을 견뎌낸다는 사실을 위안으로 삼아 자신의 몸을 견딘다.

생인손처럼 앓고 있는 세상의 불빛들
꺼지고 다시 켜지면서 점이 된다

나도, 세상의 점이거나 바람이다

내 안의 폭풍 같은 점에 걸려 넘어지거나

내 기둥에 기대는 사람도 있다지만

세상의 모든 통증은 바람 같아서

지나가거나 지워진다

언 땅의 흙을 파는 손톱이 붉은데

숨을 고르거나, 등을 기댄 사람들

물속같이 깊은 고요 속에서 지느러미를 꺼낸다

통증도 점이다

시작이거나, 끝이거나, 중심이 되는

점

비명처럼 붉은 불빛들이 환하다

- 「점으로 세우다」 전문

  당신이 견뎌낸 만큼 나 또한 견디겠습니다. 당신의 고통도 나의 고통도 멀리서 보면 모두 '점'에 지나지 않을 것입니다. 그렇게 우리의 삶은 세상이 숨 고르는 짧은 순간에 지나가고 지워질 것입니다. 그렇게 시인은 세상을 서로 "등을 기댄 사람들"의 모습이자 "비명처럼 붉은 불빛들"로 가득한 점묘화로 이해한다. 여기에 놀라운 존재론적 성찰이나 사회학적 통찰이 깃든 것은 아니다. 이 간명한 하나의 작품은 누구나 떠올릴 수 있지만 쉽게 실천하기는 어려운 간명한 도덕률을 우리에게 제시한다. 그것은 저 쓸쓸한 '점'을 '불빛'으로 번역하듯, 그의 생애를 '환하다'라는 술어로 끝맺어보려는 의지이다.

여기서 확인되는 것은 세상을 아름답게 바라보려는 의지이다. 다르게 말하자면 시인은 세상 어딘가에서 쓰러진 채 일어나지 않는 존재들이 있다는 진실에 대해서는 증언하지 않는 셈이다. 하지만 오르테가는 『예술의 비인간화』에서 은유의 본질을 이렇게 설명했다. 시인은 은유를 통해 현실을 다른 현실로 바꾸어 표현하는 자이고, 그렇게 현실을 회피하려는 의지가 없었다면 존재는 무기물과 다를 바가 없다. "제 죽음을 조문하는 은행나무 노란 불빛이 따듯하다"(「하늘의 눈동자」)라는 시구처럼, 이 시집의 모든 죽음과 고통은 다시 잎을 틔우는 몸짓을 예비한다. 마찬가지로 삶이란 본질적으로 희망의 형식인지도 모른다. 삶보다 큰 것은 삶의 의지이며, 고통 이후에 고통을 견뎌낸 몸이 있고 그러한 몸이 아름다움을 이룬다는 믿음을 우리의 혀끝은 간직하는 것이다.

상상인 시인선 073

그래도, 꽃 필 자리

지은이 윤혜숙
초판인쇄 2025년 6월 25일 **초판발행** 2025년 7월 3일
펴낸곳 도서출판 상상인 **편집주간** 황정산 **펴낸이** 진혜진
표지디자인 최혜원 **기획·마케팅** 전은빈 최유림 노혜림 정현수
책임교정 종이시계 **편집** 세종PNP
등록번호 제572-96-00959호 **등록일자** 2019년 6월 25일
주소 06621 서울시 서초구 서초대로74길 29, 904호
전화번호 02-747-1367, 010-7371-1871
팩스 02-747-1877 **전자우편** ssaangin@hanmail.net

ISBN 979-11-93093-98-6 (03810)

값 12,000원

* 이 책은 충청남도, 충남문화관광재단의 후원을 받아 발간되었습니다.
* 이 책은 전부 또는 일부 내용을 재사용하려면 반드시 저작권자와 도서출판 상상인의 동의를 받아야 합니다.
* 이 도서의 국립중앙도서관 출판시도서목록(CIP)은 서지정보유통지원시스템 홈페이지(http://seoji.nl.go.kr)와 국가자료공동목록시스템(http://www.nl.go.kr/kolisnet) 에서 이용하실 수 있습니다.